별보다 먼 곳

김 별 시집

별보다 먼 곳

제 1 부

꽃이 피는 사연

꽃이 피는 사연 ················ 10
목련이 지던 날 ················ 12
눈 내리던 날의 풍경 ················ 14
5월 ················ 15
지하철 ················ 16
별 ················ 17
석 달 열흘 ················ 18
나무가 나무에게 ················ 20
오 일 장 ················ 21
인터넷을 설치하던 날의 약속 ················ 24
눈물은 썩지 않는다 ················ 26
춘몽 ················ 28
나의 집 ················ 29
고백 ················ 30
진실 ················ 32

별보다 먼 곳 ＊ 차례 ＊

제 2 부
별보다 먼 곳

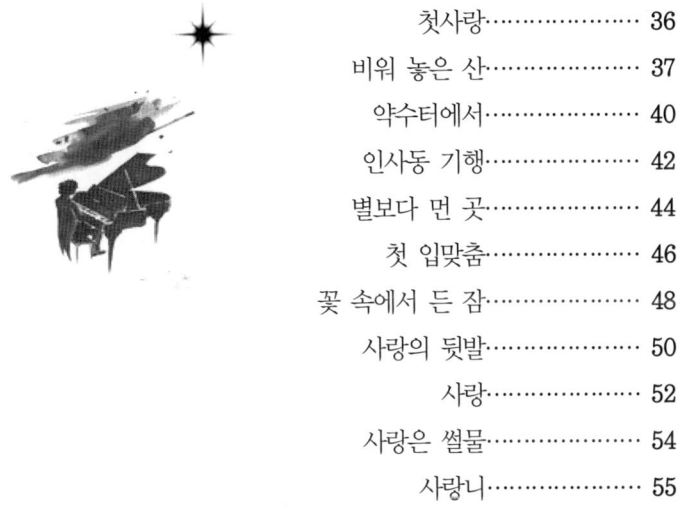

행복의 샘	34
첫사랑	36
비워 놓은 산	37
약수터에서	40
인사동 기행	42
별보다 먼 곳	44
첫 입맞춤	46
꽃 속에서 든 잠	48
사랑의 뒷발	50
사랑	52
사랑은 썰물	54
사랑니	55
사랑만큼 아름다운 이별	57
지난 겨울의 싸락눈	58
기다림	60

제 3 부

나비는 꿀을 모으지 않는다

양귀비꽃 ············ 62
봄의 감촉 ············ 64
모두가 잠든 새벽은 내게 묻네 ············ 65
청춘 ············ 67
버려진 꽃 ············ 68
시똥 ············ 70
판다 ············ 71
나비는 꿀을 모으지 않는다 ············ 73
그 미소 ············ 74
남쪽 바다 ············ 75
어머니 ············ 77
강물 ············ 78
풀여치 ············ 79
추분 지나 ············ 80
겨울나무 ············ 82

별보다 먼 곳 ✽ 차례 ✽

제 4 부

화 장

어두운 밤길 갈 때에는………………86
양파 벗기기………………88
해맞이………………89
아름다운 것은 단음이다………………90
즐거운 하이킹………………92
화장………………93
근황………………94
가을 편지………………97
그날………………100
개떡………………102
도둑비………………104
부레………………105
냉장고………………106
섬………………107
내 고향은 벌판이다………………108
꽃이 먼저 피는 나무………………109

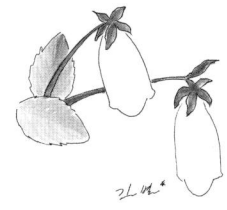

제 1부

꽃이 피는 사연

꽃이 피는 사연

산에 들에 도시에 피는 꽃은
저마다 무슨 사연으로 피었을까요
내가 평생 낯선 곳을 민들레꽃처럼 떠돌며
살아야 했던 것처럼
저들도 저렇게 피어야 했던
슬프고 아프고 말 못할 사연이 있었겠지요
그렇지만 얼마나 대견한가요, 포기하지 않고
해마다 거르지 않고 꽃을 피운 것이
아무도 보는 이 없어도
보잘 것 없어 사랑 받지 못해도
자기만의 색깔과 향기를 머금은 모습이
어느 꽃인들 눈물겹지 않겠어요
세상에 무슨 대단한 것을 바라
양귀비꽃처럼 누구를 유혹하고 미치게 할까요
장미꽃처럼 언간생심 누구의 가슴을 탐 할까요
그냥 피는 거지요. 꽃이니까
꽃은 피어야 하니까
그래야 꽃이니까
눈 비 오고 바람 불어도 피는 거지요
멈추지 않고, 속이지 않고, 울지 않고
저기 저 먼 이국에서 온 꽃들조차
고단하고 서럽고 외로워도

있는 그대로 억세게 피는 거지요
그래야 꽃이니까
그게 아름다운 거니까

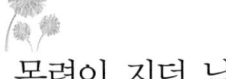
목련이 지던 날

한 번도 편히 잠들지 못했던 그대
그 세월 얼마나 고단했을까.
미소까지 머금고
처음으로 편히 잠든 모습이
꿈을 꾸는 듯 평화로웠다.

속절없는 마음이
그의 입을 벌리고
노란 동전을 넣어 주었다.
만 냥이요!
이만 냥이요!
삼만 냥이요!

다시 세 수저의 쌀도 떠 넣어 주었다.
천 석이요!
이천 석이요!
삼천 석이요!

그는 그렇게 평생 처음 가져보는
많은 돈과 쌀을 가지고
꽃가마로 떠났지만
돌아서는 내 뒤통수에
돌 같은 말을 던졌다.

돈보다 쌀보다 더 소중한 것을 잘 지켜야 한다고
떠나는 오늘에서야 그것이 후회스럽다고

목련이
조용히 등불을 끄던
어느 눈부신 아침의 일이었습니다.

눈 내리던 날의 풍경

도로에는 식인상어 같던 차들이 거북이 걸음이다
자라목이 되어버린 사람들은 펭귄 걸음이다
목요일 오후반 한국어 수업을 다녀오는 길
포대기에 눈이 큰 아이를 코알라처럼 업은
나 어린 새댁은 폴짝폴짝 나비춤을 추다가
이내 빨간 손을 호호 불며 아랫목에 새둥지를 치는데
꽁꽁 언 전깃줄에 모여 이번 겨울 첫모임을 시작한 참새들은
포수도 아랑곳없이 즐거운 합창이다
어느 착한 손이었을까
좁은 언덕길
알뜰히 깨어놓은 연탄재가
부릉부릉 퇴근길의 차들을 끄떡없이 오르게 하더니
어느새 동화 속 풍경이 되어버린 산동네엔
하나 둘 따듯한 등불이 홍시처럼 걸렸다

5월

5월에는
아무 일도 없었으면 좋겠습니다.
기쁜 일, 행복한 일도 바라지 않습니다.
그냥 아무 일 없이
조금은 지루하고 답답하더라도
그냥 아무 일 없이
차라리 무의미하게 해가 뜨고 달이 뜨고
아무도 바라보지 않아도 좋을
별똥별이 떨어지고
그냥 그렇게 5월이 오고 가기를 소망합니다.

찬란한 햇살도
청옥빛 하늘도 바라지 않습니다.
사랑을 고백하고
다시 꿈을 이야기하는 일도 없이
그냥 미안한 마음으로 지내다가
넝쿨장미가 피지 않아도
슬픔만 없게
아픔만 없게
몸부림치고 원통한 일만 없게
누구는 5월을 계절의 여왕이라 했지만
그 빛나는 왕관 내려놓고
그냥 조용히
초록만 짙어가는
5월이었으면 좋겠습니다.

지하철

여기까지 서서만 왔다.
숨조차 크게 쉴 수 없는 침묵의 포화상태
출입문이 열리고 닫힐 때마다 밀려들고 밀려가는
감당할 수 없는 힘을 안간힘으로 버티며
부대끼고 때로 밟히며
허공에 매달린 손잡이를 잡기 위해 허둥거려야한 했다

내 자리는 원래 없는 것이었다.
언제나 앉아 있는 사람들처럼
약삭빠르거나 태평하지도 못했다
언감생심 행운아이기를 바란 적도 없다
환승역을 몇 번이나 확인하고
미로 같은 통로를 내달려 다시 비집고 들어선
질식할 것 같은 좁은 틈 속

어서 이 여정이 끝나기를 바라지만
내려야할 꿈의역은 아직 먼 것일까
다시 문이 닫히고 감당할 수 없는 속도로
어둠속을 질주 하는데
벼랑 끝에서 잡은 손을
언제까지 버틸 수 있을까
바윗덩이처럼 점점 무거워지는 몸뚱이
그만 손을 놓아버리고 싶다.

별

노을이 지는 도시의 광장으로
사람들이 하나 둘 모여 들었다.
한 사람 한 사람 손에 손마다
촛불 하나씩을 밝혔다.
엄마를 따라 나온 고사리 손에도 촛불이 들렸다.
어둠이 깊어지고 비가 내렸지만
하나 둘 켜진 촛불은 너울너울 파도를 만들어
어두운 도시는 어느새
세상의 강물이 모여 만든 반짝이는 별의 바다
누구는 아픔과 슬픔과 절망을 말하지만
우리 사는 세상은
꺼지지 않는 소망들이 밝혀 놓은
무량수의 별들이 총총 빛난다.

석 달 열흘

우리네 풍속은
아이가 태어나면 백 일만에 첫 잔칫상을 차렸다
그 전에는 금줄을 걸고
외인의 출입을 삼가케하여
뱃속에서부터 이어지던 금기와 정성을 이어갔던 것인데
석달 열흘이 되어서야
비로소 사람으로 인정하고
탄생의 축하를 받을 수 있었던 것이다

그 이전까지
생명은 세상에 나왔으되
진정한 사람은 아니었다
온갖 질병과 사악함이 들끓는 세상을
스스로 견딜 수 있는 작은 힘을 가질 때까지
금쪽같지만
다만 숨을 쉬는
가엾고 위험하고 불완전한 존재

석달 열흘도 채우지 못하고
자신이 왔던 곳으로 되돌아가는 목숨을
굳이 이 땅에 원혼으로 남기지 않기 위해
이름조차 지어주지 않았던
잔인하고 눈물겨운 사랑이었을 뿐이다

나 그렇게 태어나
시를 쓴다
더 무엇을 바라겠는가

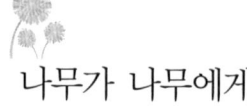
나무가 나무에게

나무가 나에게 말했다
너도 이제 나무라고

천년을 살아도 태어난 자리가 무덤인
나무처럼
그루터기 하나로 남을 때까지
너도 네 자리를 떠나지 못할 거라고

이제 별보다 먼 그리움보다는
바람보다 더 큰 자유를 배워보라고

오늘 잠들지 못하는 건
바람에 떨어져버린 꽃잎 때문이 아니라고

지금 우는 건
새가 되어버린 사랑 때문이 아니라고

우린 그렇게 서로에게 기대어
날이 저물도록 아무 말도 못했다

오일장

역전 장은 3일
읍내 장은 5일
첫새벽 댓바람에 닷샛장 드는 날
덥다가 춥다가 통 종잡을 수 없는 날씨는
아직 불 깡통이 그리운데
수세미 같이 늙은 할매는 땅 한 뙈기 없어
불쌍한 영감 시묘 길에 뜯어 온 원추리며 쑥 돌나물
돈 될 것도 없지만 산 입에 거미줄 치랴
번듯한 남의 건물 앞에 눈치껏 펼쳐 놓고 소일 삼아 다듬는다
하루가 멀다고 대형유통매장이 군데군데 선 까닭인지
불경기 탓인지 세월 탓인지
장은 사는 사람보다 파는 사람이 많고
해가 중천에 걸리도록 마수걸이도 못 한 장꾼들만 일없이 바쁜데
이런저런 걱정도 아랑곳없이
카세트테이프를 빼곡히 실어 놓은 손수레의 흘러간 노래는
주인은 없고 혼자 정겹다
시장기에 부료하게 이리서리 기웃거리다
입맛이나 돋울까
청양고추에 하루나 한 단 때깔 좋은 상추도 천 원어치
다리가 아파서야 골목길 간이의자에 걸터앉아
잔술에 머리코기며 찹쌀순대를 새우젓갈에 찍어보며
  "들길 가던 새우젓 장수가 지게를 받쳐 놓고 두리번거리다

고무신을 벗어 논물을 퍼담더란 기가 막힌 이야기며
범추당에 새로 온 색시는 장꾼들을 잘도 후렸다던
곶감같이 달콤한 숱한 고향 장터 이야기를 추억하는데
운동회 날 만국기 같이 펄럭이는 낡은 천막이
이른 봄볕에 탄 골 깊은 얼굴들을 가려 주고
딸기며 자두 햇과일을 수북이 쌓아 놓은 1톤 트럭 옆에서
태극기 아저씨의 자랑스러운 대~한민국 깃발이
땡볕 아래 혼자 눈부시다

철 따라 과일이며 채소를 부담 없이 살 수 있고
자반 젓갈 갓 망건 놋그릇 좁쌀 산초열매 호미 낫
총각 귀신이 될 뻔한 숯장이도 산달 앞서 미역을 준비하고
자식놈 유학길에 보태자고 땅문서까지 들고 나와
해장술에 취해버린 칡뿌리 같은 얼굴과
보따리를 이고 진 아낙과 뜨내기 채칼장수와
억척같은 여인네들이 언제나 주인인 곳
"애들은 가라 애들은 가"
구렁이 같은 뱀장수가 농지거리를 잘도 하던 곳
세상인심과 풍요로움에 자꾸만 떠밀려 멀어지다가
어느 날 수십 년을 산 도시가 문득 낯설어 돌아보면
멀리 아련한 섬처럼 떠 있어도 언제나 명절 같은 곳
철부지로 객지를 떠돌던 내 배고픈 동심에
처음 세상의 운동장이 되어 주고

뻥튀기의 놀랍고 풍성한 함성이 축포처럼 터지던 곳
약장수의 춘향전 흥부전 공연이 사람들을 울리고 웃겼던 곳
장이 서지 않는 날은
분틀국수집과 고추씨 기름을 파는 방앗간이 썰렁한 공터를 지키지만
오늘같이 지천으로 꽃은 피고
그리움이 뭉게뭉게 일어도
빙빙 겉돌기만 하고 갈 곳 없는 날은
비릿하고 풋풋하고 다정하고 따듯한
사람냄새 훅 풍기는
그 오일장에 가고 싶다

인터넷을 설치하던 날의 약속

작은 시냇물의 돌다리 하나도
누군가
헛으로 놓지 않았습니다.

팔만대장경판 어느 한 자 소홀히 새기지 않았듯이
누군가에게 띄울 사연 한 장 덧글 한 줄
늘 그렇게 쓰도록 하겠습니다.

옥의티를 용서할 수 없어 흙 불 혼을 깨어버린
단호한 도공의 마음으로
허튼 점 하나
꾸민 구절 하나
스스로 용서치 않겠습니다.

숱한 세월
어머니 정화수 한 그릇 헛으로 놓지 않았습니다.
날마다 대하는 바다보다 넓은 사연들

그것이 아무리 두렵고
경악할 일일지라도
얼룩진 마음으로 보지 않고
듣지 않고
말하지 않겠습니다.

모든 것이 쉽고 편리하고 빠르기만 한 세상
쾌락과 행복만이 최고의 미덕이 되었지만
그래야 한다면 한자漢字보다 어려워지겠습니다.

쉬게 지울 수 있고
아무렇게나 말 할 수 있고
눈덩이처럼 굴러 누군가를 죽일 수도 있는
글 한자
말 한 마디
사진 한 장

기도하는 마음으로
씨앗을 뿌리는 마음으로
돌다리를 놓는 마음으로
그렇게 놓겠습니다

자장면 시켜 먹은 그릇
깨끗이 씻어 문밖에 내놓았듯이
언제나 그렇게 창을 열겠습니다

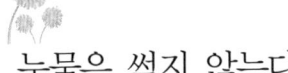
눈물은 썩지 않는다

[오리 울음에는 메아리가 생기지 않는다.]
과학으로도 설명할 수 없는
대체 무슨 신비로운 비밀이 숨겨 있어
오리의 시끄러운 울음소리에
산조차 응답할 수 없는 걸까

하지만 세상에 모를 일이 어디 그 뿐이랴
때로 내가 나를 몰라 낙망하거늘
그대 뺨에 흐르는 눈물
어찌 닦아 줄 수 있으랴
차라리 못 다 풀 마음을 열어
그 뺨에 눈물을 보탤 수밖에

이 땅에 가련한 목숨아
기쁨을 감출 수 있는 눈물이 어디 있으랴
아픔을 속일 수 있는 웃음이 어디 있으랴
진정 그 얼굴의 웃음이 거짓이 아니었다면
눈물은 썩지 않는다
눈물 속에는
산조차 응답할 수 없는 불가사의한
힘이 숨겨져 있기 때문이다

밀물 그리고 썰물
끝없이 파도가 일어
바다가 언제나 싱그러운 생명력으로 넘치게 하듯이
눈물은
갈라터진 상처에 다시 한 줌 소금을 보태겠지만
염장의 세월을 견디며 지켜야 할 약속

별을 바라본
반짝이는 눈이 썩기 전까지
몸과 영혼이 만든
가장 아름다운 결정체
눈물은 썩지 않는다

춘몽

그가
내 입술을 빨았다
귓볼을 빨고
온몸을 거쳐
발끝까지 빨았다

나도
그의 입술을 빨고
유두를 빨고
발끝까지 빨고 핥다가

깜짝 깨어 보니
꽃그늘 밑
꽃벼락은 치고
미친 쓰나미가 덮쳐 오고 있었다

나의 집

나의 집은
언덕 높은 곳에 있어
맨손으로도 별을 딸 수 있다.

언덕 너머로
별똥별이 지는 밤
가끔은 집 잃은 천사가 훌쩍이며 길을 묻는다.

언젠가 장마에 계단이 무너져
우편배달부도 못 오는 곳
아직 여기까지 온 이는 아무도 없다.

그렇게
도시의
아무도 모르는
섬이 되어버린
나의집은

개똥벌레도 잠이 든 밤
어두운 세상에 등대가 된다

고백

풀꽃 시계를 엮어
그대의 흰 손목에 매어드리겠습니다
내 사랑을 받아주시겠는지요

풀꽃 반지를 만들어
그대의 예쁜 손가락에 끼워드리겠습니다
내 사랑을 받아주시겠는지요

비바람이 그친 아침
햇살 눈부신 벌판에서
들꽃 한 송이 꺾어
그대의 향기로운 머리에 꽂아드리겠습니다

무량수의 별들을
살구나무가 지키는 토막집 마당으로
다 불러 들여
아무도 모를 깨소금 맛으로
호박씨를 까먹는 재미로
세상 따윈 잊고 살다가

기다리던 꽃이 핀 아침
산책길을 나서듯
그대의 손을 잡고
별보다 먼 그곳으로
민들레 홀씨가 되어 둥둥 떠나겠습니다

내 사랑을 받아주시겠는지요

진실

아름다웠거나 행복했거나
슬펐거나 혹은 고통스러웠거나
지나가버린 것들은 모두 거짓입니다
진실은 오직
지금 이 순간 내 앞에 선 그대일 뿐,

꽃보다 눈부신 저 신록도
아무것도 약속할 수는 없을 겁니다
처음의 약속으로 마지막까지 살고자 했던
그 숱한 날들도
하루살이 떼의 몸짓에 지나지 않습니다

길이 없는 길을 따라
여기까지 인도한 별마저
우주 밖으로 추락해버린 이 밤
나에게 열어 준 마음
긴 기다림의 지금 이 순간
서로를 향한 빛나는 눈빛만이 오직 진실입니다

이외 그래도 더 남은 것이 더 있다면
목숨을 거는 일
더 무엇이 필요합니까.

제 2부

별 보다 먼 곳

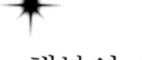

행복의 샘

사람의 가슴속에는 샘이 있었다.
퍼낼수록 차오르는 맑은 물이
갈증을 채우고도 흘러 넘쳐
냇물을 이루고 강을 이루고
온 대지를 넉넉히 적시는 풍요로움이 있었다

그러던 어느 날
달콤한 꿀의 단맛을 알면서부터
샘물의 참맛을 잊게 되었고
결국 샘은 말라 갔던 것이다

그러나
달콤함은 더 큰 갈증을 가져오는 것
급한 마음에
바닷물을 마시게 하고
양귀비처럼 환상의 세계로 유혹하는 것

그대 영혼의 기갈자여!
지금 어디에서 무엇을 찾고 있는가
손에 잡은 껍데기를 버리고
길을 떠나라
욕심을 버리고 절제를 배워라
사막이 되어버린 너의 가슴속에도
맑은 물이 솟는 샘이 감추어져 있다

너는 본래 우주
황무지가 되어버린
너의 가슴 속으로 고행의 길을 떠나라
나그네가 되라
순례자가 되라
때로 성자를 만나고 명상하라
너의 가슴속 어딘가에 있을
행복의 샘을 찾아
인생을 유랑하라

첫사랑

그는 어쩌면 지상의 사람이 아니었는지 모른다.
어느 별나라에서 잠시 수학여행을 다니러 왔다
처음 보는 낯선 거리가 너무 신기해
아이처럼 쏘다니다 그만 길을 잃고
주어앉아 훌쩍이던 빨간 볼로
나를 만난 것인지 모른다.
그의 몸에서 나던 꽃향기를 아직껏
어느 꽃에서도 맡아볼 수 없었던 걸 보면
그를 보는 순간
피가 멎고 숨까지 턱 막혔던 걸 보면
세월이 가고 머리털이 하얗게 되도록
다시는 그를 볼 수 없는 걸 보면

비워놓은 산

지난 밤 내린 비가 깨끗이 씻어놓은 산은
햇살보다 눈이 부신 녹색이다
누군가 잠들지 않고 밤새 쓸고 닦아 놓은 듯
오솔길은 발자국을 찍기조차 무안해 신발이라도 벗어야 할 것 같고
비비추 원추리꽃이 낮달 같이 조용히 지고 있다

그런 까닭일까
무지개를 색깔별로 갈라놓은 듯
나뭇가지 사이로 쏟아지는 눈부신 햇살 사이를
옹달샘물 같이 맑은 새소리는
이리저리 투명한 음표로 튀고
오를수록 깊고 서늘하고 촉촉한 기온이 어느새 닭살로 돋지만
따듯함보다 더 포근히 내 몸을 감싸는 서늘한 기운은
고향에라도 돌아온 듯 지친 몸이 넉넉하고 평안한데

고개를 들어보니 먼 봉우리에 걸린 흰구름 몇 점
잠시 그리운 사람을 가만히 불러보다가
가슴속에 고이는 그윽한 향기에
깨고 싶지 않은 꿈속을 걷듯 다시 걸음을 옮기는 데
길을 잃은 발걸음에 놀라
풀섶에서 날아오르는 새들도 초록이다

허물어진 돌무더기를 무심히 지나지 못하고
돌을 주워 몇 개 쌓아 본다
이토록 정갈히 마음을 모아 본 것이 언제였던가
속되고 부질없는 것이 세상사, 사람의 마음이라지만
도량이 따로 있지는 않았구나

비온 뒤끝이기 때문일까
덤불 속에 핀 버섯이 꽃보다 더 매혹적이다
버섯은 유혹의 꽃,
어느 조명 아래 여인이 이보다 더 아름다울 수 있을까
사람들이 알면서도 독버섯을 먹고 쓰러지는 이유도
그들이 가지고 있는 불가사의한 힘,
불나방처럼 두렵지 않게 목숨을 내던질 수 있는
유혹이 있기 때문이었다.

사람들이
오래도록 비워 놓은 산을
아주 떠나지 못하고 다시 돌아오는 것도
산이 도시보다 더한 유혹을 가지고 있었기 때문이었다.

내가 당신을 사랑하는 영원히 설명할 수 없는 이유를 가진
운명의 목숨이 듯
꽃이나 산새나 사람이나
여기 안개처럼 깔린 알 수 없는 기운이나
더 깊은 숲속으로 이끄는
신비롭고 아름다운
돌아올 수 없는 미지의 여정을 가졌기 때문이었다.

약수터에서

몇 며칠 가지 못했던 약수터를
오늘은 망치 들고
못도 몇 개 들고 갔습니다
일요일이라 그런지 시간이 일러 그런지
아무도 없었지만
풀잎에서 아직 늦잠 자고 있는
새벽이슬도 깨우고
샛별같이 초롱초롱한 눈망울의
다람쥐와도 인사하고
산속에서 내려오는 맑은 냇물을 따라
새소리에 귀도 씻으며
약수터에 도착했을 때쯤에는
발등이 촉촉이 젖었는데
바가지 걸어 놓는 자리에 빠진 못을
준비해 간 망치로 가지런히 박고
바닥에 굴러다니던 조롱박을 차례대로 걸어 놓으니
혼자 보아도 예뻤습니다
그리고 물 한 모금을 떠 마시니
오랜 갈증으로 타던 가슴이
뻥 뚫린 듯
말라있던 땅에 물길이라도 생긴 듯 시원했습니다
그것으로도 충분했지만
가지고 온 물통 하나를 가득 채우니

지쳐 있던 몸도 마음도 새처럼 가벼워
오늘도 역시 특별한 것도 없이 밍밍하고
땅콩을 까먹은 뒤끝처럼 껍데기만 수북이 쌓인다 해도
깨알같이 자잘한 행복을 가려낼 수 있을 것 같아
돌아오는 길은
개망초며 초롱꽃 며느리밥풀까지
오솔길 가득 그윽한 향을 더해 주고
발걸음은 건반 위를 걷는 듯
사분음표 팔분음표
십육분음표가 되기도 했습니다

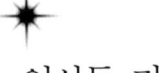
인사동 기행

말로만 듣던 인사동을 다녀왔다
개미소굴이었다
미로찾기처럼 어지럽게 이어진 골목마다 발 디딜 틈이 없이
분주히 이어지는 행렬들
장날은 아닐 테고... 오늘이 무슨 날일까?
왜 세상 사람들이 오늘 이곳에 다 모였을까?
궁금한 의문을 품을 새도 없이 파도에 밀리듯
나뭇잎처럼 휩쓸려 가는데
다닥다닥 이어진 방방마다 신비롭고 눈부신 것들로 가득하다

노래의 방, 보석의 방, 그림의 방, 옷의 방, 자기의 방, 차의 방,
마법의 방, 꿀단지의 방, 하나하나 다 열어보고 싶은 방 방 방...
이런 풍경 속에 몇 그루 은행나무를 누가 또 옮겨다 놓았을까
그것이 오히려 더욱 신기하고 놀라운데
뿌려진 은행잎이 먼 옛적, 신라나 백제, 왕관의 금붙이인 줄
잠시 착각하다가
그만 길을 잃었다.

보이는 모든 것들이 장난감 세상에라도 온 듯 재미있고 즐겁다
어쩌면 이곳이 동화의 나라일까? 옛적 도깨비나라일까?
더욱 신기한 것은
이곳에도 약국이 있고 시골에서 본 이발관 간판이
핑글핑글 여유롭게 돌아가고 있었다는 것
음식의 방에서 그녀가 내온 파전이며 순두부국, 소주, 농주,
이런 것들이
지금껏 내가 삼십 년을 먹었던 그것이 아니었다.
분명 보았던 상표와 모양을 달고 있었지만
누군가 몰래 음식마다 유혹의 향료를 뿌려놓았을까?

국화꽃 향기를 풍기며 그녀들이 먼저 떠났지만
대화의 방에서 마주한 깡깡이의 선율 같은 담론이
작은 종지에 내온 청양고추만큼이나 맵고 시원하고 칼칼해
취기 대신 열기를 느끼기에 충분했는데
디만 용궁에라도 온 듯, 보물상자라도 연 듯
멈추어버린 몇 시간 동안
꼭 만나고 싶었던 여왕개미를 만나지 못한 것이
딱 한 잔이 모자랐던 술처럼
꼭 하나 아쉬움이었다

별보다 먼 곳

별똥별이 떨어지는 저 하늘 멀고 먼 곳
언제 다시 올지 모를 배가 세월을 남기고 떠나가버린 바다를 건너
아무도 없이 혼자인 바람만 쓸쓸히 살고 있는 벌판을 지나
낙타로도 건널 수 없는 사막 넘어 그 멀고 먼 곳
그 먼 곳에 사랑하는 사람이 살고 있다네

철새들도 가지 못하는 곳
연어들의 긴 여정으로도 닿을 수 없는 곳
하루를 외롭던 날 타는 붉은 노을 그 너머
지금껏 흘러 온 강물도 이르지 못하는 그
별보다 먼 곳

다른 꽃이 피고 다른 나무들이 울창하게 숲이 되고
다른 얼굴과 다른 말의 사람들이
다른 축제와 다른 노래를 부르는
세상 끝보다 더 먼 곳
그 먼 곳에 내 마음을 가져가 버린
아름다운 사람이 살고 있다네

내가 언제나 파도처럼 잠들지 못하는 것은 그 때문이라네
모래알뿐인 내 가슴 사막이 꽃바다가 되어 출렁거리다
다시 폭풍처럼 일어서서 사나운 짐승처럼 울부짖게 하는 것도
지금 나의 삶을 다 포기하고 떠나야만 만날 수 있는 그 먼 곳
그곳에 나의 심장과 얼굴 행복과 불행을 다 가지고 가버린
온 누리에 단 한 송이뿐인 꽃 같은 사람이
아주 예쁘고 청초하고 그윽한 향기로
동화 속 꿈처럼 살고 있다네
이 밤 내가 앓고 있는 몸으로도 잠들지 못하고
눈물을 흘리는 것도 그 때문이라네

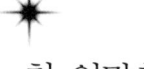
첫 입맞춤

사랑하는 당신
당신과의 첫 입맞춤은
살구꽃비 내리는 꽃그늘 아래서 였으면 좋겠어요.

아니 아니
사랑하는 당신
당신과의 첫 입맞춤은
손에 손을 잡고 한없이 달려 간 벌판
하얀 민들레꽃이 별밭처럼 피어나고
뭉게뭉게 그리움이 일던
그 푸른 언덕 넘어 였으면 좋겠어요

아니 아니 어쩌면
사랑하는 당신
당신과의 첫 입맞춤은
함성으로 가득한 도시의 광장
손에 손에 촛불을 든 구름같이 많은 사람들에 둘러싸인
그 한가운데
환호성 터지는 축복 속이었으면 좋겠어요

아니 아니 그 보답은
철새처럼 먼 길을 달려온 우리
도시의 거리 수많은 사람들 속에서
첫눈에도 서로를 알아보고
눈부시게 달려오고 달려가
와락 안아버린 그 순간
소낙비처럼 쏟아지던 그리움과
소금사막보다 더 뜨겁게 타던 갈증을
봄눈처럼 녹여버린
그 정지해버린 영원 속이었으면 좋겠어요

은하수 별밭 속에 만난
당신과 나
우리의 첫 입맞춤은

꽃 속에서 든 잠

세상 어디 한 곳
기댈 곳이 없이

비탈지고 고달파
이내 몸 그만 놓아버리고 싶던 날

어느 길모퉁이를 돌아서다 만난
한 송이 예쁜 꽃,
향기로운 꽃술을 살며시 열고
속살 깊은 곳으로 들어가
실오라기 하나 걸치지 않은 알몸으로
태아처럼 옹크린 채 잠이 들었네

존재의 강을 건너
세상에는 없는 아득한 단꿈이여

아! 그러나
아름다움은 무지개보다 빠르게 사라지고 마는 걸까
꽃은 지고 다시
천둥 치고 바람 부는
찬비 속에 내동댕이쳐지고 말았네

도시의 사막을 걷다가
한 묶음 꽃을 사네
아득히
꽃잎에 떨어지는 눈물

사랑의 뒷발

어린 시절 소 먹이러
강변에 가 본 사람은 안다
늘 순종적이고 묵묵하던 그 놈이
때로 이유를 모르게 날 뛸 때가 있다는 걸
고삐를 잡으려다
뒷발질에 채여 나가떨어져 본 사람은 안다
정신을 잃고 쓰러질 수도 있다는 걸

늘 쓰다듬어 주고 먹여주고
보살펴주지만
경계하는 마음이 생긴 건
그 크고 깊고 순한 눈망울 속에
예측할 수 없는 비밀이 숨겨져 있기 때문이다

추운 날씨에 뼈마디가 쑤시고
옆구리가 시리고
중병환자처럼 이곳저곳 안 아픈 곳이 없는 것은
나이 때문도
삶이 고달팠기 때문만도 아니다
그 착하고 이쁜 놈의
무서운 뒷발 때문이다

황소 같던 사람도
그렇게 한 세월을 피멍이 들고
골병이 들어가는 것이다.

사랑

아 방목하는 짐승아
내 앞에서 평화로이 놀다가
잠깐 잠이 든 사이
너는 어디로 갔느냐

벼랑으로 가 보고
물가에도 가 보고
벌판을 달려 본다
아무리 찾아 봐도 흔적도 없이
까맣게 속을 애태우느냐

양같이 착하다가
황소같이 뛰는 것아
품안에 안기다가 손가락을 무는 것아

뭉게구름
쪽빛 하늘
소나기 쏟아져 강물 불고
언제 그랬냐는 듯 쨍 하니 맑은데
안개산 위에 무지개 섰다

허허
너는 어느새 내 곁에 와
흙발 개구쟁이로 웃고 섰구나
고삐를 맬 수 없는요요요요요
밉다가 고운 것아
울다가 웃는 것아

사랑은 썰물

사랑은 썰물
그리움은 밀물

언제나 그렇게
밀려갔다 밀려오는 것

숱한 세월을 비워내고도
다시 채우는 힘

격랑의 물길로
소라의 속삭임으로

바위가 부서져 모래알이 되도록
아프고 감미롭고 영원하게...

바다가 바다일 수 있는 것은
우리가 그렇게 사랑하기 때문이다

사랑은 밀물
그리움은 썰물

사랑니

죽어도 크게 원은 없을 나이
이 가을 지나면 거짓말처럼 벌써 나이 오십인데
이제서 사랑니라니
부끄럽게 사랑니라니

지난 몇 며칠
어수선한 꿈을 많이도 꾼 것이
이齒 때문이었을까
밥 먹는 것이 여간 고역이 아니고
씹을 때마다 아파
입을 크게 벌리고 거울을 봤더니
보일 듯 말 듯
말 할 수 없이 부은 잇몸을 뚫고
가장 구석진 곳에
생각지도 못했던 흉악한 것이 돋아났다

사람 나이 백 살이 넘으면 검은 머리카락이 새로 니고
이도 새로 난다는 말을 듣기는 했지만
그것이 진짜인지 그냥 하는 말인지는 모를 일
다만 내게 닥친 생각지도 않은 사건이
몇 년 전부터 생기던 충치의 아픔을 견디며 지켰던 균형을
깨뜨릴만한 몰골로 흉하고 아프다

말로만 듣던 사랑니는 왜 이 나이에
이렇게 흉하고 아프게 나야만 하는가
치통약을 찾는 것도
치과에 갈 생각도 미쳐하지 못하는데
이 나이에 새로 나는 이를 무엇이라 해야 하나

죽기 전에 철든다는 말처럼
그것은 어쩌면 생의 마지막 선물, 혹은
애물단지라 해야 하나
아니면
스스로에게 끊임없이 던졌던 질문에 대한 처음인 답인가

살만큼 산 삶이 다시 힘겹다
그렇지만 여기 가혹한 현실의 끈을 놓아도 좋을 나이
더는 나를 속이고 남을 속이고 싶지 않다
당신
늦어서야 진정한 아름다움을 알게 해준 당신으로 하여
뜻하지 않게 쑤시고 아파
잠 못 들고
충치 사이로 하얀 목련꽃 봉우리가
철모르고 이렇듯 피어나는 것일 게다.

사랑만큼 아름다운 이별

이미 떠난 것들을
아직 보내지 못하고 살았네
그리워하고 아파하며 살았네
그러나 이제 보내야 할 것들을
계절을 알고 떠나는 철새처럼
모두 놓아 주어야 하리
차마 놓을 수 없던 그 얼굴, 그 마음, 그 약속,
영원으로 이어지던 그 순간들을
저문 강둑에 앉아
꽃잎처럼 강물에 띄워 보내야 하리
펄펄 떨어지는 눈발 속에
발자국을 찍으며 떠나는
다시 올 수 없는 것들에게서
마른 눈물을 거두어야 하리
아무리 향기롭고 눈부셨다 해도
꽃은 지는 순간이 가장 아름다운 것
죽을 만큼 아팠어도
사랑했다면
이별은 사랑만큼 아름다워야 하리
아 그렇건만
나 아직 아무런 준비도 되지 않았네
다시 펄펄 눈이 내리네

지난겨울의 싸락눈

빙판 져 조심스러운 오솔길
위험한 걸음에 계단이 되어주던 소나무뿌리에도
앙상한 굴참나무 가지에도
자자작... 자자작...
누군가 부르는 듯
자꾸만 뒤를 돌아보게 하는
좁쌀알 같은 싸락눈이 내렸습니다
마음은 어느새
까마득히 사라진 먼 이야기며
아름다운 시절을 사람을 그리워하다가 지우다가
그렇게 자꾸만 깊어져
눈 덮인 세상 밖 어느
외딴 골짜기에 오두막을 짓고
가난한 시인이 되어 등불을 켜는데

그만 발을 헛짚어
꿈을 깨듯 올려다본 하늘은
어느덧 산 밑까지 잿빛으로 내려앉고
도시의 집들과 줄지어 이어지는 차들은 하나 둘
반디벌레 같이 예쁜 불을 달았습니다
날마다 들여다보았던 산수유나무 가지 끝에는
아직 아무 기별이 없어

나도 모르게 신음 섞인 메마른 한숨을 토하다가 삭이다가
또 하루를 기약하며 돌아서는데
하늘에서 선물이라도 내린 것일까

장밋빛 목도리에
간혹 콜록이는 잔기침이 섞여 있었지만
엷은 입김이 서린
첫눈 같은 그녀의 목소리는
맑고 연약하고 따듯해
어깨를 스쳐 간 체온에 몸살 난 듯 얼굴이 뜨겁고
듬성듬성 눈 쌓인 무덤가에
연보라 제비꽃이라도 핀 줄 알았습니다
언덕을 올라서고 내려오며
뜀박질이라도 한 듯 숨이 찼지만
어느새 그친 싸락눈처럼
짧은 눈인사로 끝난 안부는
이른 봄꽃 향인 듯 온온한 여운이 남아
뒷모습의 겨울이 서성서성 머무는 저녁 숲에서
미끄러져도
걸음을 멈춰도
내내 행복하기만 했습니다

기다림

약속시간 5분 전
화장실에 뛰어가
거울을 보고
넥타이를 고친다
목이 끼는 것 같기도 하고
어딘가 어색한 것도 같다
시늉만 하다가 서둘러 바지춤을 챙긴다
광장
나를 향한 문으로 사람들이 쏟아지고
나는 아직 그를 모른다
꽃을 들고 시계탑 밑을 지키고 있을 뿐
아니라면그냥 스쳐가리라 언질이 있었을 뿐
꼭은 아니다
기대와 확신은
조금씩 흔들리고
태연하리라 마음부터 다스리는데
자꾸만 자신이 없어진다
허공으로 흩어졌다 뿌려지는 비둘기
시계의 바늘이 합쳐져 가고
다시 사람들이 쏟아진다

제 3 부

나비는 꿀을
　　　모으지 않는다

양귀비꽃

내 붉은 열정이 오히려 부족했나요
불같이 뜨겁고 피보다 강렬한
내 모습이 너무도 두려웠나요
그리하여 차마 입마추지 못했나요

내 영혼의 진액이
사람을 미치게도 하고
죽이기도 한다는 것을 진작에 알아
미리부터 겁을 먹고 도망친 건가요

알고보면 나도
당신만큼 순결한 피를 가졌어요
그 청정의 힘은
때로 죽을 사람을 살리기도 하지요
당신은 병들지 않았나요 상처가 없나요
아프고 슬프지 않나요
꿈의 세계를 보고 싶지 않았나요

나는 오늘도 아무나 올 수 없는 벌판에서
떨어지는 별똥별을 헤며
눈을 다칠 만큼
지독히 아름다운 꽃을 피우지요

이곳은 세상의 법과 질서와 방식으로는
절대로 올 수 없는 곳
무섭고 외롭고 무료한 시간을 견디기에
누구나 함부로 취할 수 없는
정열의 꽃을 피우지요

사지처럼 두렵고 아무나 올 수 없는 금기의 땅
때로 환상을 탐하는 도둑들이 숨어들지만
나를 보는 순간 눈이 멀어버린 그들은
향기 대신 독을 취하고 말지요
그렇지만 총구보다 무서운 나의 붉은 꽃도
누군가를 위해 존재하지요
진정 이 아름다움에 매료될 수 있는
그런 당신을 기다리니까요
나는 나 자신도 두려울 만치 아름다우니까요

봄의 감촉

바람 한 올 없는
눈부신 햇살 속
꽃을 보다 눈이 시려
꽃그늘 아래
돗자리를 펴고 누워
사르르 잠이 들려 하는데

강아지가 발가락을 빨고 지나갔다
고양이가 낼름 손가락을 핥고 지나갔다
성가신 개미가
살금살금 목덜미에 기어올라
나도 몰래 뺨을 철썩 때렸더니
화들짝 놀란 나무가
꽃벼락을 쳤다

모두가 잠든 새벽은 내게 묻네

모두가 잠든 새벽은 내게 묻네
사는 것과 사랑하는 것은 어느 것이 무겁고
죽는 것과 사랑하지 않는 것과는 무엇이 다르냐고
불필요한 여기 어둠을 혼자 감당해야 하는 이유를 두고
찾지 못한 아름다움과 진실 그것이 달콤한 거짓과는
어느 것이 더 쓰고 견디기 쉽고 힘드냐고

모두가 잠든 밤 새벽안개
작은 입자가 다시 내게 묻네
천년을 살아도 태어난 자리가 무덤인 나무처럼
바람보다 더 자유로울 수 있겠냐고
강물은 굳이 바다를 약속하지 않는다 해도
굽이굽이 휜 기다림을 그리움 없이도 참아낼 수 있겠냐고

아무도 깨어 있지 않고 불면에 든 밤
새벽안개에 싸여 희미한 불빛을 껌뻑거리는 가로등
그 퇴색된 얼굴이 늉 뒤에서 나시 묻네
길이 없는 길에서 다시 길을 찾을 수 있겠냐고
달맞이꽃마저 향기를 잃고 쓰러진 여기
길을 접어 길을 완성할 수 없겠냐고

골목길 쓰레기를 모아놓은 전봇대가
선승처럼 돌아앉아 다시 묻네
답이 없는 문제를 끝없이 풀어야 하는 삶의 빗장을 열어
빛 속으로 들어갈 수는 없겠냐고
어둠 속에 갇혀버린 빛
어쩌면 어둠보다 더 캄캄하고 눈을 멀게 했던 빛
그 속에서 다시 빛의 알갱이를 찾아
가슴 속에 별밭을 일굴 수는 없겠냐고
모두가 잠든 새벽은 내게 다시 묻네

청춘

꽃은 다 지고
불쌍한 친구 놈과
마을 구판장 간이탁자에 걸터앉아
주머니를 탁탁 털어 소주를 사고
가로등 불빛 아래 무성하게 웃자란 들깻잎을 따다
막장에 찍으면
아! 장미꽃보다 향기롭고
양귀비꽃보다 더 진하던 알싸한 맛
지독히도 쓰고 달던 소주에 몸서리치며
이슬에 젖던 깊고 망막하던 밤
절망적인 슬픔과
아름다움으로 가득한 세상과
연어처럼 물굽이를 거슬러 올라야할 세월을 향해
내 청춘은 그렇게 휘청거리며 나뒹굴며
몇 번이고 피범벅이 되도록
담벼락에 얼굴을 갈았던 것이다.

버려진 꽃

안개꽃 속에 숨은 장미
쓰레기통에 던져놓은 한 묶음 꽃을 본다.
이렇게 추운 날에
어느 차가운 손이
다 시들지 않은 꽃을
흐트러진 모습으로 버려놓았나

누군가의 뜨거운 가슴에 바쳐져
너만을 사랑한다고
진심으로 행복하고 애틋했으리
그리워 긴긴밤을 아파도 했으리

모두 말라버린 앙상한 계절에
아직 싱그럽고 그윽하고 따뜻하거늘
무슨 이유로 처참히 버려졌는가
매정한 발길이 돌아섰는가

이슬 머금던 벌판에서
쪽빛 하늘에 무지갯빛 꿈도 꾸었으리
빛깔도 향기도 진하던 한 때
스스로에 취하고
세상도 그 몸에 취하였으리

아직 아름다워야 할 날을 두고
무슨 인연으로 피어나 꺾어지고 바쳐지고
사랑하고 아파하다
버리고 버려졌는가

운명이라 믿은 사랑
영원히 다는 감당할 수 없어
시들기 전에 놓아주는가
바람 속에
눈 속에
기어이 뿌려지고 흩어지는가

시똥

누에는 뽕잎을 먹지요
송충이가 솔잎을 먹듯이

판다는 대나무잎만 먹지요
코알라가 유카리투스잎만 먹듯이

이 미련한 것들은
다른 것은 먹을 줄도 모르고
다른 것을 먹으면 그만 죽고 말지요

그러니 어쩌나요
정말 어쩌나요
내가 이슬만 먹고
언제나 속이 아파
푸른 시똥만 찌륵찌륵 싸는 것을

이제 나를 죽도록 미워하는 사람아
어쩌나요
정말 어쩌나요

판다(panda)

티베트 깊은 설산에는
댓잎만 먹고사는 판다가 살지
댓잎을 좋아 해 먹기는 먹지만
정작 잘 삭이지 못해 늘 배앓이를 하고
생똥을 싸지
그래도 이 미련한 것이
향긋한 풀잎도
맛있는 열매도 먹을 줄 모르고
찌륵찌륵 설사를 하면서도
고집스레 댓잎만 먹고 살지

아무도 없는 아주 깊은 설산에서
야금야금 댓잎만 먹고
차가운 눈 위에서 잠을 자다가
다시 설사똥을 싸고
그렇지만 세상에서 가장 큰 자유를 누리며 행복해 하지
콜록콜록 기침을 하면서도
잠들기 전에는 꼭 푸른 별을 보지

티베트보다 더 험한 도시의 숲에도 판다가 살지
쌀이 떨어지면
뒷문 밖에 모아놓은 빈 술병을
구멍가게에 가져다주고
라면을 바꾸어 오면 그뿐인 판다가 살지

혼자 슬퍼하고 외로워하고
혼자 사랑하고 그 사랑에 아파하며
꽃 한 송이 받아 본 적 없는 판다가
죽을 만큼 아파도 혼자 삭이며
시 밖에 쓸 줄 모르는 판다가 살지
결국 그렇게 죽고 말 까만 눈의 판다가
깊고 깊은 도시의 숲속에
전설처럼 살지

나비는 꿀을 모으지 않는다

꽃밭에서 살았건만
꽃처럼 살지 못하고
켜켜이 꿀만 쌓다가
일생을 다 써버린 꿀벌처럼
나비는 꿀을 모으지 않는다

속살 깊은 곳
꽃의 순결을 연
나비의 첫 입맞춤
꽃은 비로소 아름다움을 완성하는데

꽃이 나비인지
나비가 꽃인지
꽃바다에 해적이는 나비
혼불처럼 어여뻐라

꿀벌이 켜켜이 쌓아 올린 꽃밭의 도시에서
꿀을 모으지 않는 나비

연약하고 가여운 춤사위
꿈인 듯
환영의 몸짓인 듯
아름다워 눈물 나라

그 미소

그 미소를 돌에 새기리
가슴에 새긴 얼굴은 쉬이 슬퍼지기에
강물에 새긴 마음은 꽃잎처럼 흘러가기에
망각 속에 묻어야 할 그리움을
바위 산 돌에 새기리

그만 지워야 할 눈동자와 입술을 돌에 새기리
모래 위에 새기면 파도가 쓸고 가 물거품이 되기에
허공에 새기면 먹구름 몰려와 비가 되기에
베어내어야 할 모진 정을
돌을 쪼아 새기리

나비처럼 펼치지 못한 세월과
옹이 진 숱한 사연을
허튼 맹세가 되어버린 약속을
차마 가슴에 묻지 못해
돌 속에 묻으리

돌 같이 닳아 가게
돌 같이 말이 없게
천탑을 쌓아도 다 못 이룰 사랑의
순간으로 끝나버린 영원을
깊이 깊이 더 깊이
돌 속에 묻으리

남쪽 바다

남쪽 바다에 가고 싶어
이제 아무도 기다리지 않는다 해도
정녕 모두가 꿈이라 해도
불 꺼진 선창가에 정박한 채
밤새 뜬눈으로 뒤척이고 싶어

텅 빈 밤기차를 타고
아직 캄캄한 바다 역에 내리고 싶어
주인도 잠든 여관에 들어
날이 샐 때까지
귓가에 밀리는 파돗소리를 듣고 싶어

바닷가에서
파도가 모아놓은 먼 섬을 보다가
갈매기의 친구가 되다가
모래 위에 아득한 이름을 써보다가
갈 곳 없는 떠돌이로
저물도록 우두커니 앉아 있고 싶어

낯선 것이 오히려 정다운 거리를
꽃상여가 지나기도 하리
바다가 보이는 언덕에 올라
망부석으로 섰다가
소리쳐 불러 보고픈 사람을
복받치는 서러움으로 그리워하고 싶어

내 청춘
영혼의 귀양지
그 남쪽 바다

어머니

고향마을 어귀를 지키는 든든한 고목나무 한그루
그 넉넉한 그늘 아래
구름처럼 한가롭던 노인들 아이들
태양 볕을 식히던 농부들
지친 길손들
그 시절조차 호사였나 춘몽이었나
이제 아무도 찾지 않네

천둥벼락에 몸뚱어리 반쯤은 떨어져 나간 반신불수
시커멓게 썩은 속은 푹 파여
꽃은 고사하고
이파리조차 피우기 힘겨워
유난히 춥고 궂었던 지난겨울을
용케도 잘 견뎌냈지만
다시 봄을 맞을 수 있을는지
언제 쓰러질지 모를 병들고 지친 육신
고목나무 한 그루
어머니!

섣달그믐 어머니!
이번 명절에도 가지 못합니다

강물

어제와 오늘의 구분이 없는 강물 위에
멈춤과 흐름이 다르지 않는 강물 위에
눈이 내리네
영원과 순간이 아무 의미 없는
사랑함과 사랑하지 않음이 다 소용없는
그 합류와 소용돌이와 무심함에
펄펄 비 대신 눈이 내리네
강물 위에 내리는 눈은
자유의 몸부림으로도 쌓이지 못하네
뜨거운 입술이 향기로운 입술에 떨어지듯이
활활 타오르는 장작개비를 던져 넣어도
아주 잠시 반짝였던 은비늘보다 빠르게
흔적 없이 스러지고 마네
들불이 휩쓸고 간 벌판이 막막히 채워지고
그 불길로 타오르다 지쳐버린 산이 가려지고
천지를 기어이 여백으로 다 비워놓아도 강물은
강물을 떠나지 못하는
지친 영혼을 버려두고 여전히 눈을 맞을 뿐
꽃잎처럼 띄워 보낸 사람과
또 다른 생을 기약한 맹세와
밑바닥까지 돌팔매를 맞았던 파문까지 삼키고도
헛기침 한번 없이
강물은
굳이 바다를 약속하지 않는
그저 강물일 뿐이네

풀여치

고추잠자리를 잡으러
댕기머리 계집애가 깡충깡충
작은 개여울 징검다리를
깨금발로 건너 뛰어 접어 든
가을의 문턱,
풀여치 한 마리가 소매 깃에 앉았다

풀여치…
그건 아직 푸른 은사시나무 이파리 한 장
팔목을 간질이는 풀 한 포기
먼 산을 넘어 온 한 줄기 첫 소슬바람
가슴 속에 묻어 놓은 애절한 시 한 소절 같아서

나도 어느새 풀물이 들고
부챗살처럼 펼쳐지는 한 그루 푸른 나무가 되고
청산을 돌아
참나리꽃 이슬 떨구는 벌판을 지나
활처럼 휘어진 푸른 강물이 되었다.

추분 지나

추분 지나 하늘은
어느새 내 마음 같이 넓게 비어버리고
이른 아침부터
순서를 정하며 줄을 맞추며
철새들은 벌써 비행연습을 시작했다

조금씩 밤이 길어지는 만큼
잠들 수 없는 밤은 늘어가고
기온이 떨어지는 만큼
들꽃의 빛깔과 향기는 더 짙어가리라

그건 산이나 나무나 꽃이나
여기 외딴 곳에 풀잎처럼 살고 있는 시인이나
같은 마음 같은 모습의
작고 어여쁘고 질긴 목숨이기 때문이다

모진 세상에서 강물 같이 휘어가는 세월을
같이 건너고 흘렀듯이
결국 같이 귀또리소리를 듣고
단풍이 들고
어느날 같이 무서리를 맞아야 하기 때문이다

첫눈이 내리기 전
철새들이 대장정을 출발해야 하듯이
새로운 꿈을 찾아
다시 아득한 설산을 넘어야 하기 때문이다

……

겨울나무

눈은 부슬부슬 내리는데
구부정한 어깨를 하고
저문 언덕에 누군가 우두커니 서 있다
낯선 듯 낯익은 얼굴
유행 지난 검은 외투에 고단한 행색이
이따금 깃발처럼 펄럭인다

계단을 뛰어오르던 지하도 입구
신호등 모퉁이를 돌아서던 어디쯤
등불이 따숩던 수레 앞에서
밀감을 사던 사람
혹은 빌딩 복도를 막 돌아서다가
살짝 옷깃을 부딪쳐
종이컵의 커피를 쏟을 뻔한
기억 속에서였을까

어쩌면 문 닫을 시간이 지난
후미진 선술집에 돌아앉아
말없이 소주잔을 비우던
저기요? 부르려다가 그만 둔 사람
서늘한 옷깃에 묻어나는 따듯한 체취가
가을 국화보다 더 진한 여운으로
바람이 불 때마다 기침을 쿨럭이며
늦은 시간 누구를 기다리는 것일까

목도리도 없이
추운 언덕에
오래도록 그렇게 서 있다

제 4부
화 장

어두운 밤길 갈 때에는

어두운 밤길 갈 때에는
눈 밝은 사람보다
귀 밝은 사람 하나 있었으면 좋겠어
힘들어도 흥얼흥얼 혼잣소리가 구성진
겁 없고 태평한 사람 하나 만났으면 좋겠어
인사 없이도 고향 사람처럼 정겹고
두런두런 세월 이야기가 밤참처럼 달아
허기를 잊고 한참을 더 걷다가
등줄기에 촉촉이 땀이 배이면
넘어진 자리에 쉬어 가듯
이슬 묻은 바위에 걸터앉아
술병을 내어 서늘히 젖도록
권커니 받거니 다 비워도 좋으리
더 늦지 않게 그만 일어설 때
돌무더기에 돌 하나 던져 주고
기다리실 늙은 어미의 마음으로 잠시 손을 모았다가
다시 길을 잡아 나서리
강을 만나고 가물가물 멀던 불빛마저 꺼지면
아직 보름이 먼 어두운 밤 길 별도 없으니
벌판에는 달맞이꽃 돌담에는 박꽃이
벼랑 끝으로 이어진 외길도
등불을 들어 두렵지 않게 밝혀주리

밤이 깊을수록 풀벌레 소리는 더 깨끗하고
귀를 씻어 정신을 맑게 해 졸음을 깨우리

어두운 밤길 갈 때에는
뒤 서서 재촉하는 사람보다
돌아보며 살펴주는 사람 하나 만났으면 좋겠어
발을 헛디딜 때를 미리 알아 손을 잡아주고
갈수록 지치고 고단한 길
부족하고 재바르지 못함을 나무라지 않아
짐 대신 마음을 받아 주는 노새 같은 사람
돌부리를 차도 아픈 줄 모르는 종년 같은 사람
옷섶에 산딸기를 따다 주는 누이 같은 사람 하나
꼭 하나 만났으면 좋겠어
어린 시절 소 먹이던 동무같이 편안하고
님처럼 조심스러울 것도 감출 것도 없어
꼭꼭 숨겨 놓았던 가슴 속 이야기를 후련히 털어놓아도
아무 걱정 안 해도 좋을 사람
어느 모퉁이 갈림길에서
아쉬움으로 남을 작별 인사를
뜬구름 같은 약속으로 남기고서야
비로소 볼이 붉고 눈이 서글서글한
두고두고 그리울
그런 사람 하나 꼭 만났으면 좋겠어

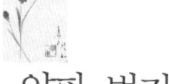
양파 벗기기

양파를 까다가 알았다
삶도 사랑도
층층이 쌓인 속을 겹겹이 벗겨야 한다는 거
더 투명하고 야무진 새 살이 돋지만
그럴수록 눈물나게 맵다는 거

막 벗긴 한 겹이나
이미 버린 한 꺼풀이나
기대를 가지고 다시 벗겨야 하는 속살조차
사실은 큰 차이가 없다는 거
알고 보면 다 같다는 거

단칼에 뚝딱 잘라버리면 간단히 끝날 것을
굳이 깊은 속이 다 드러날 때까지
계속 벗겨야 한다는 거
면역 된 눈물을 다시 흘려야 한다는 거

속살 속 속살까지
다 벗기고도
결국 아무것도 벗기지 못한 것과
별 차이가 없다는 거

다시 그 속살의 유혹을
떨쳐버리지 못한다는 거

해맞이

일출을 보리라고
꼭 보리라고
캄캄한 어둠을 뚫고
네 발로 기어
일출산에 올랐다가
붉게 물든 서기를 보고
끝내 해를 못 보았네
그래도 검은 하늘을 붉게 물들인
한바탕 열정을 보았으니
내 얼굴도 뜨겁게 물들었으니
절정을 보지 못한 간절함을
그만 삭여야 하지 않겠는가
다음엔 반드시 해를 보리란
무언의 약속을 믿으며
바람 치는 몇 순간을
정상에서 보냈으니
돌탑에 다시 하나의 돌을 얹고
이제 내려가
동해에 바늘 하나를 던져 놓고
바다와 승부를 겨루어 보리라
이길 때까지
꼭 이길 때까지

아름다운 것은 단음이다

꽃 별 해 달
돌 풀 솔 들
아름다운 것은 단음이다

아 오 옥 빛
물 산 꿈 쪽
아름다운 것에는 굳이 외마디 이상의 말이 필요치
않았기 때문일 것이다

사랑은 아름답지만
아픔이 있어 단음이 되지 못했다
행복은 달콤하지만
영원하지 못하기에 외마디로 줄이지 못했다

굳이 긴 말이 필요치 않은 아름다움,
나도 이제
단음으로 당신을 사랑하려 합니다.
아직 사랑은
한 마디로 줄이지 못 할 만큼
힘이 들지만

단음이 아니더라고
고마워
사랑해
이마저도 필요 없이
단지 따듯한 미소로
부드러운 손길로
사랑을 완성하고 싶습니다

즐거운 하이킹

눈이나 치우던 좁은 길을 따라
어느새 산수유꽃이며 제비꽃이 피고
철새들이 날아간 언덕 너머로
아지랑이 손짓하기로
창고에서 잠들어 있던 자전거를 깨워
살구꽃비 날리는 돌담길을 돌아
나비인양 멀리서 폴짝이던 그녀를 태우고
바람이 파도를 타고 노는 청보리밭 길을 달리면
풀꽃 같은 손으로 내 허리를 꼬옥 껴안고
재잘재잘 종달새보다 명랑한 옥구슬소리
자전거는 어느새 구름 속을 나는 듯
꿈길을 가는 듯
나는 팔을 벌리고 눈마저 감는데…
부저 소리에 깜짝 눈을 떠보니
아 여기는 재활치료실
겨우내 굴렸건만
자전거는 제자리에서 땀만 뻘뻘 흘리고 있었네

화장(花葬)

그리운 사람아
이내 가여운 목숨 기어이 지는 날
저기 저 칠월 염천
붉은 꽃밭 속에
화장花葬 해 주오

꽃같이 태어나
아름답게 살지 못한
원혼의 마지막을
진동하는 꽃향기로 달랠 수 있게

타는 노을 속
진양조 가락으로
양귀비꽃보다도 더 열렬하게
꽃 속으로 보내주오

근황

제형諸兄
겨울보다 혹독한 여름
살아볼수록 더 무인도 같다던 도시에서 어찌 지내십니까
난蘭 한 번 키워본 적 없는 사람이
요즘은 바람과 햇살과 계절에 몸을 맡긴 나무를
무심히 바라보는 즐거움으로 세월을 잊습니다.

꽃에 빼앗겼던 눈과
신 열매를 탐하던 마음을 버리고서야
꽃도 나무도 사람도 그 어떤 고통조차
한 시절을 살아 온 빛나는 증거였고
운명처럼 피할 수 없던 빛나는 목숨 값이었다는 것
아름다움도 욕도 결국 바라보는 눈과 마음의 일
꽃 진 자리마저 상처의 흔적으로 남을 수 있다는 것을
향기까지를 잃은 늦어서야 알았습니다

언제인 줄도 모를 날
씨알로 떨어진 빈터에 뿌리를 내려
키가 자라는 만큼 그늘의 범위를 넓혀 온 한 그루 나무
그 나무의 잃어버린 시절과
켜켜이 싸인 나이테의 사연을 알지 못한
얼마나 헛된 세월이 많이도 흘렀습니까

나무를 키운 것은 8할이 대지의 품이었고 나머지가
때로 깃을 치고 떠난 새들이었거나
홀씨처럼 바람을 탈 수 없기에 외려 더욱 머물 수 없던
안에서부터 썩어져내려 결국 속을 다 들어 낸 바람벽이었겠지만
나무는 어느새 폭풍우에도 당당함과
자유보다 더 큰 세계를 열었습니다

고목처럼 온몸에 구멍을 뚫어
산 날들보다 더 크게 시커멓게 속을 비우고
누군가의 둥지가 되어주었다 한들
벼락에 몸 한쪽이 떨어져나가는 고통을 견디다
기어이 쓰러져 간 최후처럼
아름답게 쓰러질 수 사람이 몇이나 있을까만
나 여기 아직 지키지 못한 약속을 두고
강둑 서늘한 나무 그늘에 앉아
바다를 향해 이미 모두 내어준
고기떼 뛰어오르는 은빛 강물을 바라보거니
아래로만 흐르는 가장 지키기 힘든 약속을 기어이는 지켰기에
물길은 이제 어느 소용돌인들
무슨 두려움이 있을까요

다만 꽃같이 피지 못한 꽃 같은 목숨들을 거두어
꽃잎처럼 떠내려 가버린 날들
억만금을 준다 해도
다시는 돌아올 수 없는 날들은 다만
눈물 대신
돌이켜 씨앗을 뿌리는 초연함으로 갈무리 되어야겠지요

오늘도 빈 우체통
무소식이기에 안심하고
그리움이 뭉게뭉게 구름꽃으로 피어납니다
가마솥처럼 뜨거운 하루하루를 견디는 것이
흙의 마음과 불의 마음
자신의 영혼마저 깨어버린 장인의 초연함뿐이겠습니까만
이제 더 무슨 소중함이 남아 있어
처음의 마음으로 마지막까지를 기약할까요
그렇지 못하기에 어쩌면
남은 날들이 오히려 더 평안한 것은 아닌지
빈지문을 닫으며 부끄러움을 감출 수가 없습니다
건강하소서 이만

가을 편지

꽃을 따라 떠난 길을 아직 돌아오지 않은 사람이 있습니다
별을 따라 떠난 길을 아직 돌아오지 않은 사람이 있습니다
그들은 어디쯤에서 꽃이 되었을 겁니다
별이 되고 나무가 되고
별꽃 피는 어느 낯선 언덕에 감빛 노을이 되었을 겁니다

온 산을 활활 다 태운 단풍 숲으로 떠난 길을
아직 돌아오지 않은 사람이 있습니다
천지간을 분간할 수 없는 눈발 속으로 발자국도 없이 떠난 길을
아직 돌아오지 않은 사람이 있습니다
그들도 내 가슴에 그리움과 기다림의 언덕이 되었지만
나는 그들이 떠나야 했던 이유와 돌아오지 못한 이유,
남겨 놓은 미소와 뒷모습을 기억합니다.
그들도 기어이 꽃이 되고 별이 되고
문득 뒤돌아본 지울 수 없는 풍경 속에서
뜨거운 눈물을 감추고 있을 겁니다

다시 그 가을이 깊어갑니다
날마다 빈 우체통을 찾았다 돌아서는 발걸음은
갈대처럼 가벼워진 육신조차 지탱할 수 없을 만큼 무겁고
기온은 하루가 다르게 내려가 어느새 얼음처럼 차갑습니다.
이제 산도 나무도 풀꽃도 아름다움조차 가장 낮은 자리에

내려놓습니다
나도 그들처럼 이미 낡루해진 모든 것을
기온과 바람에 맡겨야만 할 것을
점점 몸을 감싸기만 합니다.

잘 계시는지요.
님을 찾는 일이
숲속 옹달샘을 찾는 새벽길만큼이나 마음을 정갈하게 하지만
단풍잎 한 장도 못 되는 작은 소식 한 소절 내려놓는 일조차
세상살이만큼이나 조심스럽고 힘들고 어려운가 봅니다.
동무라 동행이라 연인이라 이름 지을 수도 없지만
결코 타인이 될 수 없는 기가 막힌 무슨 운명 때문이기보다는
내가 짊어진 초라한 행색의 삶 때문일 겁니다.
지난여름이 가혹했기에 오히려 더 예쁜 물이 든 나뭇잎을
아직 이슬 묻은 더 깨끗한 눈으로 보지 못합니다
마주앉아 차 한잔 하고 싶은 마음조차 욕심이거나
돌무더기에 돌 하나를 더한 혼자만의 약속이겠지만
세월에 몸을 맡기기에 더 편안한 그런 무엇도 있을 겁니다.

어느새 삭정이만 남은 나무들이 산이 요즘은 못난 사람의
스승이 되었습니다
시를 쓰는 일이 언제나 잘못을 반성하는 일이 되었습니다.

누군가를 마음에 두는 일이
채울 수도 없는 것을 버리는 일이 되었습니다.
아무도 몰래 왔던 길을 다시 소리 없이 돌아서는 이슬 묻은
밤길이 되었습니다.
눈물을 감추듯 마음도 말도 눈길도 더 깊이 감추는 일이 되었습니다.

붙이지 못한 가을 편지는
그렇게 다시
연기 속으로 사라지는 낙엽처럼
깊고 어두운 내 가슴의 심연 속으로 사라집니다.

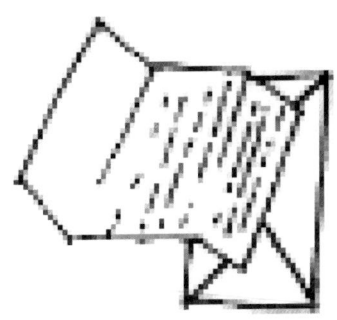

그날

모르핀은 양귀비에서 추출한 마약성분,
사람의 뇌 속에서 생성되는 엔도르핀은
모르핀보다 백배 강한 마약성분이라 하지요
엔도르핀은 아스피린의 천 배 정도의 진통효과가 있다 하구요.

하여 엔도르핀은 즐거울 때보다 오히려 고통스러울 때 많이 나온다지요.
자신의 몸을 고통으로부터 지키려는 생명의 본능이라고나 할까요.
엔도르핀이 가장 많이 나올 때는 죽음의 순간,
죽음의 고통이 가장 두렵고 크기에 그 엄청난 공포를 덜어내려는
육신의 마지막 항거라 해도 될까요
그렇다면 죽음은 생의 마지막에서야 볼 수 있는
가장 아름답고 황홀한 순간일 수도 있을까요?

요즘 회자되는 다이돌핀은 엔도르핀보다 천배 강한
호르몬이라 하더군요
그 다이돌핀은 감동을 받을 때 생성된다 하더군요. 감동!
내가 끝없는 절망과 고통
통제하지 못한 열정 속에서도 이렇듯 살아 있는 건
어쩌면 가끔씩 만나는 그 감동 때문이었을까요
시가 자연이 그리고 당신이 준 감동이
열 번도 더 죽었을 목숨을 멀쩡히 살게 한 힘이었을까요?

다만 다른 건 모르겠지만
나를 둘러싸고 있는 모든 것으로부터 감동을 느끼지 못하는 그날이
생에 마지막 황홀경을 볼 날이 될 것은 분명합니다.
별을 바라보며 흘린 눈물
당신의 그 눈빛, 향기, 몸짓
그것들이 내 고통과 생명을 지켜준 불가사의한 힘의 원천이었음도

개떡

시장이 반찬이라던가
갈퀴 같은 손으로 할매가 건네 준
감자개떡을 허겁지겁 먹다가 알았다
감자처럼 지독한 냄새를 풍기며 썩었더라도
눈부신 녹말가루로 다시 태어나
맛있는 떡이 되어야 한다는 걸

시골 장터에 쪼그려앉아
쑥개떡을 먹다가 알았다
아주 망가져 쑥대밭이 되었더라도
무성하게 쑥을 키워
굶주린 배를 채워야 한다는 걸

돈만 있으면 누구나 황제처럼 살 수 있는 세상이라지만
볼품없으면 어떤가
고급스런 식탁에 둘러앉지 못하면 어떤가
패배자가 되어
밥값도 못하는 가련한 목숨이라 해도

비만에 가려진 허기의 시대
개밥그릇에 던져진 고깃덩이가가 파리 떼를 부르지만
가련한 나의 시도
감자개떡 쑥개떡 보리개떡 밀개떡처럼
배고픈 육신에게
기꺼이 한 끼 개떡이 되어야 하지 않겠는가
정녕 그래야 하지 않겠는가

도둑비

밤은 깊어
 하나 둘 불은 꺼지고
별도 지쳐 가는데

잃을 것도 지킬 것도 없는 나는
잠들지 못하고 밤을 새우다
그만 깜빡 조는데

도둑비가
마당을 촉촉이 적셔 놓았다
화사한 꽃잎방석을 깔아놓은 매화나무
여기저기 생긴 작은 물웅덩이

어느새 몇 겹 벗겨낸 듯
엷어진 어둠은
그림 속인 듯
꿈속인 듯 신비로운데
나는 우두커니 서서
만날 수 없는 사람을 생각 한다

도둑비처럼 왔다 간
그의 슬픔과
나의 슬픔을 생각 한다

부레

내 몸 안에도 부레가 있다
물고기가 물속을 유영하듯이
새가 하늘을 날듯이
내가 허공 속을 떠다니는 것도
이 커다란 공기주머니 때문이다

바람이 빠지기도 하고
팽창하기도 하며
시간과 공간의 경계마저 허물어버린
내 안의 또 다른 중력

껍데기만 남기고
속이 다 비어버린 후에 자연스럽게 만들어진
부레
나는 이미 허공이다

냉장고

가슴을 열면 텅 빈 냉장고
냉기만 가득히 쏟아진다
퀘퀘한 냄새
난 그토록 오래 닫혀 있었다
그리고 곧 닫히고 만다
하얀 성에가 낀 심장
꽝 꽝 언 얼음 덩어리뿐이다
바퀴벌레 한 마리 재빨리 숨는다
눈부신 세상이 두려웠던가
타는 갈증은
한 모금 시원한 생수를
사막이 감추어 놓은 샘물까지를 간절히 원하건만
말라비틀어진 생선 한 토막을 버리며
열 때마다 절망이다
알면서도 열고 다시 또 절망이다
숟가락을 놓고 돌아서서 느끼는 허기처럼
끝없는 배설로도 채워지지 않는
비어있기에 채울 수 없는 욕정일까
빙점 이하
만년설로 굳어 있는 폐허
오늘도
언 불덩어리가 꽃으로 피어나기를
다시 가슴을 연다

섬

세상을 미워한 적이 없다
누구를 헤치거나
잘못을 저지른 적도 없다

아니 너무도 사랑했다
세상의 사막을 모두 꽃밭으로 만들고 싶었고
내가 만난 사람들은
슬픔 없이도 모두가 다 아름다웠다.

그리하여
내 삶은 그것을 온전히
지키기 위한 몸부림이었건만
세파는 거세기만 해
나뭇잎처럼 떠밀려
여기까지 멀어져 왔다.

난 그렇게 아득히 먼 섬이 되었다.

내 고향은 벌판이다

내 고향은 벌판이다
갈 곳 없는 새 한 마리
숲풀 속에 울고 있는 벌판이다

혼자서 피었다 죽은
들꽃 옆에서
그리워할 이 아무도 없는 벌판이다

가여운 영혼이 별똥별로 지던 밤
바람의 아버지와
황사의 어머니는
그렇게 나를 낳으셨다
그리고 그렇게 살았다

새벽이면 머리칼을 축축이 적시는 이슬
쩍쩍 갈라진 웅덩이
지친 걸음이 무릎까지 빠지는 늪지대다

강물처럼 울지도 못한 서러운 날들을
자욱이 비바람이 몰려오고
갈대가 파도치는
내 고향은 벌판이다

꽃이 먼저 피는 나무

진달래, 목련, 벚꽃, 산수유……,

꽃이 먼저 피는 나무는
꽃을 하나 떨 굴 때마다
이파리 한 장씩을 단다

그렇게
마지막 꽃잎까지 다 떨군 나무는
그해 쓸 이파리를 모두 다는 것이다.

우리도 그렇게
꽃을 버린 자리에
초록 이파리 같은 꿈을 달고
열매로 익은
사랑을 달고
이파리마저 다 버린 세월 넘어
행복을 다는 것이다.

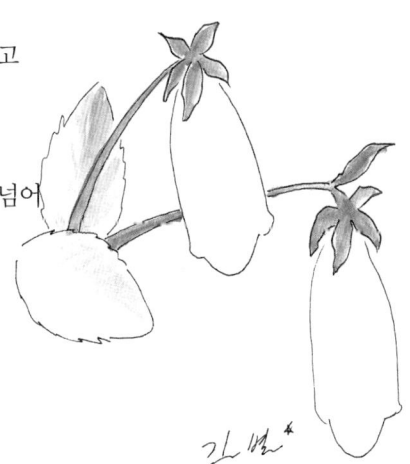

김별 - 제2시집
별보다 먼 곳

발 행   2014년 6월10일
저 자   김 별
발행인   김옥자
편 집   표천길
펴낸곳   문학광장
주 소   서울 구로구 구로동 609-24 한성상가A동209호
전 화   (02)2634-8479
팩 스   0505-115-9098
등록번호 구로 바00025
         (2007년 12월 12일)

ISBN 979-11-950164-6-4

　값 8,000원
*저자와의 협약에 의해 인지는 생략합니다
*잘못된 책은 바꾸어 드립니다
　본지는 한국간행물윤리위원회의 윤리강령 및 실천요강을 준수합니다.

국립중앙도서관 출판시도서목록(CIP)

별보다 먼 곳 : 김별 - 제2시집 / 저자: 김별. -- 서울 : 문학광장, 2014
    p. ;   cm. -- (문학광장 시선 ; 03)

ISBN 979-11-950164-6-4 03810 : ₩8000

한국 현대시 [韓國現代詩]

811.7-KDC5
895.715-DDC21   CIP2014016540

김별 시인
1961년 6월 4일 경북 안동 도산 출생

daeup21@hanmail.net

2007년 제 1집: 꽃밭에 숨어 출간(책나무 출판사)

현재 대전 서구 거주